Epikurs Garten

Ulla Hahn

Epikurs Garten

Gedichte

Deutsche
Verlags-Anstalt
Stuttgart

Ein Gärtchen, Feigen, kleine Käse und dazu drei oder vier gute Freunde, – das war die Ueppigkeit Epikur's.

Friedrich Nietzsche

Morgenlob

I

Schnee ist gefallen
Ein Wunder die Wiese vorm Haus
Hand in Hand
Du und ich
Im reinen Schnee
Die Flecken unserer Schritte
Niemandes Schuld
Wozu weinen
Schnee wird fallen

II

Wenn sich die Stunden zu regen beginnen tritt
ans Fenster zum Garten und sieh
Eva den Fuß auf dem Haupt
der Schlange der Apfel
in den tiefen Atemzügen der Wiese.

III

Der Mond ist schon fort die
Dämmerung noch nicht da. Bald
gibt es Licht für alle genug.
Kain so fern wie der Krieg
wie der Mond so unsichtbar.

IV

Sickerndes Licht die Hitze berührt dich von fern noch
schüttere Luft Geraschel im Laub Zeilen
stehn auf gelenkige Mobiles an
ihren mächtigen Nabelschnüren
Trost alter Gedichte
aus einer stilleren Welt.

V

Die jungen Blumen umsponnen vom Licht
eines Junimorgens leichthin hoffend
auf immer höhere hellere Himmel.
So viele Wörter ungeöffnet noch.

VI

Aufsprudelnd am Morgen im Anflug
kaum deine Schultern berührend so leicht
perlmuttern fließend strömend das Wort überschwemmend
die Explosionen der Schoten
Rosenblatt das auf den Kies schlägt sein Echo

VII

Leichte Wörter leichte Luft leichter Sinn
ein Punkt im Raum und einer in der Zeit
Die Linien des Lebens sind verschieden
Behalt deine Wahrheit für dich von selbst
legt sich der erste Schatten auf die Sonnenuhr
so viele Linien ein wunder Punkt
Ich sag dir heute noch blüht die Luzerne.

VIII

Weiter Erdkreis die ewige Wiederkehr der Farbe Grün
meine kleine Spanne darin Tomaten hochbinden
den Rittersporn stäben Fliederwind
Teichwasser Phloxduft verschlingen Schnecken
wildern mit Plastikbechern und Bier.
Schau mich an. Spränge ich
jetzt in den Abgrund ich fiele
lichtaufwärts landete in deinen Augen.
Schau mich an. Da der Himmel. Hier
alles was unser.

Epikurs Garten

Lied der Amsel

Flieg mit mir hinauf
auf diesen Ast und schau
auf dich hinunter:
Auf dich in den Blumen
auf dich in den Steinen
im Gras am Wasser
auf dich unterm Baum
Du hier oben und
du da unten:
Das ist alles.

Pflanzen

Setzlinge drücken aus Plastikcontainern
ins Erdreich. Vaterlandslose Gesellen. Taufen:
Jeden auf seinen Namen. Gruppen bilden
Brüderschaften und Kolonien.
Boden suchen und Sehnsucht
wandeln in Wurzelwerk.

Hoher Mittag

Calendula Goldlack vom vorigen Jahr Geruch nach
Pan und noch älteren Göttern Zwielicht am Himmel Getier
Im Sturzflug auf Venus unter der linden
Paradiesisches Koma.

Schaumkraut

Wenn der Sommerwind durch die
Schaumkrautwiesen fließt kann der Verstand
ihm nicht folgen. Windstärken
kann er messen aber weiß er
was Sommerwind ist?
Schaumkraut kann er bestimmen aber
eine Schaumkrautwiese berechnen?
Hilflos erstarrt er wenn
in Natur und Kunst beides zusammenfließt
Du glaubst zu verstehn? Dann glaub
ja nicht das sei von Interesse. Niemand
ist am Wesen der Dinge interessiert
Und der Wind jagt dem Verstand in langen Sätzen davon.

Heckenrose

Wenn ein Mann und eine Frau
einen Garten anlegen nach dem Muster
von Eden wird es einen Abend geben
voller Entsetzen: alles
kann über Nacht vergehen nichts
ist sicher vor diesem Wind der heute
zwischen die Kirschblüte fährt und morgen
zwischen die beiden. Laß uns
sagt der Mann die Rosen näher zusammenrücken.

Kinderspiel

Kinder auf der Jagd nach Schmetterlingen
ihr geschlechtsloses Lachen beim Zappeln
der Beute in den kreiselnden Netzen
Ihr Aufglühn beim Zücken der Nadelspitze.
Und ein waldbeerblauer Mund sagt:
Er ist hin.
Nachts ermattete einsame Körper
Brennesselzeichen wunde Knie.

Im Übergang

Immer im Übergang: zwischen zwei Worten
zwei Menschen zwei Sorten wovon auch immer
Winter im Herbst Frühling im Winter nur im Sommer
glaubst du der roten Hitze für ein paar Sekunden
die Dauer und stellst dich tot.

Sprechen

Sprechen im schattigen Wald sprechen
Aus feuchtem Dickicht wo der Pfad im
Laubgebüsch schwindet sprechen wie Hexenkraut spricht
Sprechen wie die Zwiebel der weißen Lilie zur Erde
Sprechen wie der Wind der Regen zum Staub.

Türkenmohn

Schlage die Trommel. Komm in den Garten.
Ich werde dich lehren die Trommel zu schlagen.
Ich löste vom Himmel das Rot und den Schrei.
Seither ist es da oben blau für immer und still.
Schlage die Trommel. Komm in den Garten.
Dein Blut klopft. Fürchte dich nicht.

Himmelsschlüssel

Die Erde ist wahr und der Wind und die
Sonne ist wahr und ich bin es auch. Oder
Sind wir alle nur wirklich? Gar nicht so einfach
Einfache Dinge auseinanderzuhalten oder zusammen
Zubringen. Zu viel verbirgt sich kein höheres
Wesen und ihr seid gewohnt komplizierte Dinge in
Reih und Glied zu verschnürn. Schau mich an:
Ich kann nicht lügen. Wer keine Worte macht
Hat nie ein Versprechen gebrochen. Was ich sehe
Reicht tief unter deine Füße. Meine Wurzeln deine
Wörter deine Satzjungen, die du ausführst
Tausendfüßler voller Versprechungen.

Schneeglöckchen

Nach jeder Nacht
Noch halb im Schlaf
Zieh ich mir zähneklappernd klamm
Den Kinderkörper über.
Dressiert vom Frost
Für euch zu zittern so
Voller Anmut daß
Ihr ganz verrückt seid
Nach dem nackten Püppchen.

Sonnenblume

In dieser Stunde erwache ich dreh meinen Kopf nach Osten
Und folge dem Stern meiner Liebe bis er untergeht aber
Mein Himmel leuchtet noch lang von ihm her.

Herbstrose

Ich weiß du läßt mich stehen, Schwester, thank you
Mama, sagte der Kleine gestern zu dir. Ich weiß
Wie es ist die Fasson zu verlieren, aufblühen
Nennen sie das, wenn die Sonne dich aufreißt
Wind und Regen bei dir aus und ein gehen. In voller
Blüte nennen sie das, wenn du die Farbe wechselst Rosa Rot Blut
Blut das in den Kopf steigt. Stockt.
Von den Rändern her verfärbt sich das Rot zu Rost.
Innen aber noch immer rot und begierig.
Das erste Blatt fällt und bleibt nicht allein:
Ich bin zu stolz sie zu halten. Du gehst durch die Straßen
Und keiner pfeift du gehst durch den Garten
Siehst an mir vorbei.
Vorbei Schwester vorbei.
Ich weiß wie es weitergeht, wenn du mich vergeblich suchst
Mit deinen oberirdischen Augen. Ich
Kenne mich aus unter der Erde.

Jungfer im Grünen

Gretchen im Busch Gretel im Stäudele
Braut in Haaren: Knicks meine Liebe
Dank dir der Namen recht hübsch diese Namen
Die du von mir kennst dummes Ding
Nonnennäglein Ledigblume Wildinet Schabab
Schabab heiß ich Spöttlich heiß ich
Spöttlich bin ich lieg im Korb
Den ich geb
Jedem der mir Lieb anträgt.

Phlox

Komm ins Dunkle. Komm an den Ort
Den unser Duft erhellt. Horch
Auf den Ton unserer Zungen
Wie er die Schwingen ausbreitet
Dich zu entführen
Aus deinem Käfig
Auge und Ohr.

Rote Rose

Solange es einen Mann gibt und eine Frau
Die versuchen einander
Die ewige Jugend zu erfinden
In meinem Namen
Endet der Tod nicht aber die Angst vor ihm.

Reseden

für Frau Slama

Verschollene Zeiten Tage golden und schwül
Menschen in Sommergärten hinter Wimpern und Sätzen verborgen
Komm uns nah wenn du uns erkennen willst unverschämt
Nennen die unseren Duft die sich vor der Liebe fürchten.

Lavendel

Wo sind meine Dämchen geblieben knisternd
Wispernd Rosenhändchen Rosenkränzchen
Zwitschernde Füßchen am Abend auf Kies
Jüngferlein fein gesponnen aber mitunter
Witterten sie auch sie
Paradiesisches hinter den Büschen herbduftende
Sünden fürs Album zwischen die Wäsche ver
Blassendes Blau Beinzwickel unter Krinolinen
Gepreßte Lippen geruchloses Leben. Ihr Tod
Eine schlechte Laune aus Langeweile hinter Jalousien im Sommer.

Immortellen

für Lene Nimbsch

Wir sahen Lazarus aufstehn und gehn. Lief los
Und wurde seither nicht gesehn.
Niemand sah ihn zum zweiten Male sterben.

Schachtelhalm

Standen am flammenden Dornbusch
Standen im Mannaregen
Ninive Memphis Theben
Stein und Blume aus derselben Kraft
Wer uns berührt
Berührt die frische grüne Ewigkeit.

Hart und anfaßbar

Malven dann rosig das Licht
Als sie kamen. Drei
Unfreundliche Freunde oder
Wie soll ich sie nennen. Korrekt
Gekleidet mit guten Manieren
Sauberen Hemden und Händen
Gar keine Frage: Ich folgte ihnen
Unaufgefordert und unauffällig
Wir schritten und sprachen um nichts
Zu sagen und erst recht nicht zu schweigen.
Am Waldrand am Ziel
Hochauf in den Himmel stechend
Gänzlich erhalten in seinem Gefüge
Wie aus vorsintflutlicher Zeit
Zeigten sie mir
Hart und anfaßbar
Mein Gerippe.

Krähen

Die schwarzen Äste im Winter beladen
mit noch mehr Schwärze wenn
diese Vögel sie zu Zeichen machen
Kalkül und Algebra
im Ypsilon der Schwingen. Schnee stäubt
wenn sie die Linie deines Lebens nehmen
zwischen Apfelbaum und Birke
kürzester Weg.

Gelbe Dahlie

Augenlider aus Sonnenwiderschein
Erinnerungen fein wie Nieselregen
Nachlaß der Gleichheit verspricht
im Dezember

Geborgter Glanz im Novembernebel diffus
wie die Liebe zweier
die tödlich einander versehrten.

Disteln

Geläutert vom Feuer jenseits
Von Böse und Gut
Zeugen der Sonne
Die nichts vergessen
Und nichts verzeihen
Brennend und kalt und bewehrt.

Sommerregen

Singfetzen der Amsel zwischen die Tränen
güsse der Sonne auslaufende Farbe in
Vieh Vogel Pflanze in Flammen die Kuppeln
der Glockenblume hell zittert die Lilie sieben
farbiges Licht von Wolken umfangen vom Wind bald zerrissen
Nest voll Gezwitscher erschüttert die Luft.

Va banque
Ein neues Spiel ein neues

März verstreut seine Zückerchen: Glück
Liebe Not Rote Rüben Knochen
Häschen verrückt Hündchen verrückt
Jägerchens Flinte schießt Zimt übern Milch

Reis auf Reis keimt auf in den Hecken
Stecken die Knospen sich grünrotblau an
Den Wiesenurnen drängen sich Schlangen voll
Kommen wildgewordener Pflanzen mit durch

Aus gültigen Voten fürn Türchen in di
Verse Glücke — oder ein Tütchen
Heilkräutertee.

Christrose

für Roman Opalka

Unsichtbares Kind des Mondes
Verschwiegenes Gleichnis
Weißes Wort zwischen Zung und Gaumen
Zerbrechlich wie der weiße Leib des HERRN.

Erde

Schwer nur ertragt ihr meinen Anblick Staub
den eure Hand nicht halten kann woher
ihr kommt wohin ihr geht: Ich weiß es.
Euch alle kriege ich. Zuerst das Weiche dann
die harten Knochen.

II

Bück dich! Tiefer! Faß mich an!
Wie lange hast du keine Erde
zwischen den Fingern zerrieben?
Warte nur und du schmeckst
wie unter deinen Nägeln der Dreck
Küß ihn und leck ihn solange
du Süßes und Salziges spüren kannst.
Eins sind wir verschieden umkleidet.
Warte nur und du fühlst
dich nicht anders an als ich.
Berühre mich
noch einmal wie den
den du liebst. Und geh zu ihm.

Epikurs Garten

Beim Ysop stand er wünschte mir Freude
wie man Guten Tag sagt.
Nicht hungern nicht dürsten nicht frieren.
Das alles ist dir gegeben du darfst
dich selbst messen mit Zeus. Ich notiert es.
Beim Akanthus ließ er sich nieder ich bot ihm Käse
Wein Feigen wir machten es uns glückselig. Der Tod
ist für uns ein Nichts. Keine Empfindung besitzt,
was der Auflösung zufiel. Was aber
keine Empfindung mehr hat — ich notiert es —
das kümmert uns nicht. Wir lauschten dem Ahorn.
Ohne Wissen von der Natur kann man keine Freude
vollkommen genießen. Notiert ich. Wem genug zu wenig ist
dem ist gar nichts genug. Ein griechisch Himmelblau
durchspielte die Reden. Wie notieren? Grün sagte er ist gut
für die Augen Grün ist Leben.
Aber der Sinn fragte ich der Sinn der Sinn des Lebens ist
das Leben sagte er. Ich notiert es.
Wir tranken noch einen Klaren. Lebe verborgen
empfahl er wie man Lebe wohl sagt und verschwand
Madison Ecke 78th wo es die klassischen hamburger gibt. Der
Inopos rauschte vorüber.

Vesper

I

für K.

Wenn du mich jetzt das letzte Mal
im Garten siehst mit Bastrolle Schere und Schaufel
weißt du was der Sommer mir bedeutet hat

Wenn du mich singen hörst über den verdorrten Levkojen
weißt du daß ich das Rätsel des Lebens
in meiner Schürzentasche trage

Wenn meine Lippen sich zu schnell bewegen
stellst du dich einen Fußbreit hinter mich

Ginge mir jetzt mein Schürzenband auf
du würdest es binden stolperte ich
du hieltest meinen Arm

Wenn meine Lungen flattern vor Angst
wirfst du ein Brett ins Wasser packst mich und
trägst mich auf deinem Rücken davon

Und wenn du mich das Blatt hoch
in die Sonne halten siehst
weißt du daß ich noch immer meine Wurzeln suche

II

Es bleibt noch lange heute abend hell.
Viel später von weit her wird Sonnenstaub
der Wärme sucht auf unserer Erde
ganz leicht auf unsere Nacken sinken.
Laß das mit dem Gewehr!
Es bleibt noch lange heute abend hell.

III

Unser Atem angefüllt mit dem Licht der ersten Sterne von weit
her kommt die Welle die uns durchzieht
mit Tag und Nacht Himmel und Feste Erde und Meer
mit Gras Kraut Samen Getier das wimmelt im Wasser
gefiederten Vögeln Vieh Gewürm und Tieren des Feldes
von weit her kommt die Welle
die sich mit Wucht an uns bricht.

IV

Zerschlissen mein Amselkleid
Das mich durch diesen Sommer trug.
Noch atme ich aus warmer Erde die Luft.
Einen Baum geliebt und einen verloren
Einen Namen geliebt. Der blieb.
Bald wieder Tee im Kreise schein
Toter Dichter Trakl im Schnee.

V

für Wendell Kretzschmar

Goldfarbenes Heimwehlicht Meere
aufstrahlender Erinnerungen in unserem
Gärtchen die Stimmen der Freunde
wärmen die Luft der Wind nimmt
den Klang mit ihre Gestalten die Dämmerung. Später
das Klirren der Gittertür in ihrem Rücken.
Jetzt sind sie für immer bei mir.

VI

Immer anspruchsloser die Stimmen der Vögel
immer länger liegt in den Wiesen der Tau
auf Heuschrecken und Michaelisblume

Kleine Mädchen waschen Altweiberfäden
aus ihrem Haar trocknen es in der Sonne
zum zweiten Mal sausen die Sensen.

VII

Am Ende des Tages steigt die Fieberkurve der
Wörter: sobald sie tot sind darfst du
sie lesen. Alle Hitze verschollen im Schall
von Gedrucktem. Sprachmagie Sprachmarie
Unordnung zähes Leid Leid Leiden jederzeit
Klipper Klapper Kasten aus Leidensleid. Leiden'S
etwa net?

VIII

Zwischen den Fragen
wachsen die Pausen
Antworten ziehen sich
hinter die Fragen zurück.
Es kommt
nah kommt näher es raschelt
ins Haus die Schlange
leibhaftige Schwester Weisheit
auch so ein Wort das
hinters Licht führt unmöglich
gegen weiße Haare anzukommen.

IX

Angst haut ab in die Bücher das helle
Blinzeln der Silben verspricht
Linien im wirbelnden Chaos der
Lieferungen von Auge Nase und Ohr.
Ich
macht mich unsichtbar
zwischen *Blüten* und *Staub*
schmerzloses Zeichen.

X

Am Apfelbaum lehnt eine Leiter im Laub
reife Bilder beschirmter Authentizität.
Bis in die feinsten Haargefäße
verteilt sich der Text aus meta
physischem Brennstoff.

XI

Wörter rollen sich auf
werden brüchig
fallen ab
Ihr schwebender Schatten

Wind ohne Widerstand
im Wipfel des Skeletts
Große leere Bäume

Darin sich immer weiter
die Stille verzweigt

XII

Müde das Licht blättert ab. Viel
Weg schon unterm Fuß. Sich nicht mehr
vorwärts nicht mehr rückwärts kämpfen.
Nur kleines Handgepäck. Darin
dein Lächeln von vor zwanzig Jahren.

Den Garten verlassend

Für Gertrud Kolmar

Kinder geliebt und erzogen zur Welt gebracht
keines. Abgetrieben. Die Mutter hat es gewollt.
Etwas wie Kinderweinen ist seither in deinen Gedichten
und deine Fruchtbarkeit ungebraucht durch die Jahre geschleppt
in kunstreichen Genitiven überbordenden Bildern Metaphern
gegen die Trauer immer die Andere nie die Eine zu sein.

Was blieb dir übrig? Du hülltest dich in Sonnenuntergänge
trugst Grün und Gold in blühendem Geschmeide
Garten im Sommer wo die Zeit sich festzusetzen schien
hast du gelebt *umtönt von Bienenchören*
mit dem *großen plündernden Buntspecht*
mit Reiher Eichhorn Ottern Hummeln dem Specht der Kröte:
Ich bin die Kröte und trage den Edelstein ...
Weltversunken im Schneckenhorn. Von draußen kaum vernehmbar
das Sausen des Fallbeils. Für kurze Zeit

hast du in meiner Nachbarschaft gewohnt. Zu Aal und Sprotten
hätt ich dich geladen zu braunem Brot mit Korinthen gefüllt oder
mit Salz und Kümmel bestreut wie du es gern aßest.
Hier gingst du durch *die Stadt* zum letzten Mal vielleicht
mit einem *Hand in Hand.*
Drunten am Uferwege sitzt noch immer
einer und malt *die blattlos hängende Weide* und der Bootssteg
ist noch immer glitschig und algengrün.
Drei Schwäne über den Wellen ich breche wie du das Brot
werfe es *weit in die Flut.* Auch er ließ dich los.
Zu finster dein Haar zu düster dein Auge. Dein Stern zu nah.
Ein Flicken.

Als es keinen mehr gab der dich liebte lerntest du
dein *Volk im Plunderkleid* zu lieben.
Als es keinen mehr gab der dich hörte schriest du
der Nacht ins Ohr dein Gedicht
Kalamattasprache Jerusalemitisch.

Fassade

Außen perfekt und mit ausgewogener Miene
zu jedem Spiel von oben
bis unten gepflegt: das Glas in der Gold
randfassung getönt und entspiegelt im Ohr fest
fast echte Karat zahnweiße Mundfertigkeit vor
schriftsmäßig im Takt das Warndreieck
links in der Brust
aber
hinter den Augen
knallt der Vater besoffen die Stirn
vors Büfett knallt sie wieder und wieder
hinter den Zähnen
stottert das Mädchen noch
immer am hochdeutschen Alphabet
hinter den Ohren
hört das Zischeln der erziehungs
berechtigten Zungen nicht auf
Und
hinter dem Herzen
wächst
gegen die in der
ersten Reihe auf ihren fest
reservierten Ärschen
zu jedem Spiel von oben
bis unten vorgeburtlich perfekt
in der Wolle gefärbt
das Gelächter

Verräterin

Weihnachten schenkt mir der Bruder
dreibändig die Sprache der Heimat
ihre Wurzeln bis zu den Indogermanen hinab

Meine gekappt von den Kanten
geknallter Türen irgendwo
luftgetrocknet im Wind

Tief in die Stirne den Hut
spioniere ich ihnen nach
mit verstellter Stimme.

Geschichtsschreibung

Fortgegangen um Käse zu kaufen oder
waren es Bratheringe, wir werden niemals
erfahren was war. Es steht nirgends
geschrieben. Die Haustürschlüssel das Porte
monnaie mit kleiner Summe die Tasche aus Bast
In Turnschuhen und Jeans verliert sich ihre Spur
zwei Ecken hinterm Bezirksamt.
Einer trug Schmerz wer weiß wie lange
Wir werden es niemals erfahren
Viele wiegten den Kopf oder lachten erleichtert
Schnell gingen die Jahre vorbei
Jetzt wo der Herbst durch Blätter und Bilder fährt
eure Augen tränen von scharfen Winden
glaubt ihr sie in mir zu erkennen
als wäre ich nicht längst fortgegangen
war es um Käse zu kaufen oder Heringe
das Portemonnaie die Tasche der Bast
ihr werdet es niemals erfahren.
Es steht nirgends geschrieben.

Straßenbekanntschaft

Ich sah die alte Frau zum ersten Mal
auf einer glatten hellen langen Straße
ihr Leib verschwand fast hinterm Horizont
Ich hätte sie beinahe übersehn. Sie kehrte
mir den Rücken zu und schien zu warten

So eng so dunkel rauh die Straße jetzt
die alte Frau so nah hat mein Gesicht
und wenn ich nach ihr fasse faß ich mich
und höre meine Stimme
Ich will dir nichts Böses tun.

Älterwerden

Zögern mitten im Satz

Nachfragen wenn man glaubt
es verstanden zu haben

Es nicht mehr eilig haben
mit dem Wissenwollen

Einen Stein ein Glas eine Hand
länger festhalten als nötig

Den Ärmel des Gegenüber beim Reden berühren
zu spüren man ist noch da

Ein Buch einen Blick eine Haut verlieren
und nicht mehr finden wollen

Erinnern statt sehnen

Den Gedanken: Das alles ist nach mir noch da
trainieren wie einen Muskel

Gefühl als wäre jemand im Zimmer

Vorsorge

Wenn's soweit ist soll es
in einem warmen Backsteinhaus geschehn
auf einer Wiese ohne Weg dorthin
Amselgelächter funkelnde Narzissen und nur
in meinem außen unversehrten Leib.
Er spränge durch den Schornstein
wie ein Held mich an ein
kühner Fallschirmjäger zwischen Brust und Bauch
in das Gestrüpp der Knoten. Ah dieses
viel zu späte Blaulicht in
den gelben Blumen.

Fragen

Ist Älterwerden sagen: Wenn er jetzt
im Humphrey-Bogart-Look im Eingang
stünde mir lächelnd auf die Lippen
drückte seinen Hut und in die Rippen
eine abgesägte Mauser und fragte: Na? –
Ja endlich!

Ist Älterwerden sagen wenn's zu spät ist:
Kein Kind aus meinem Bauch kein
Vogel und kein Nest. He Alte
schrumpf dein Herz ein bis
das Restliche verwest.

Sandstein

Aufglühte einer
bis er brannte
weiß und leer
in dieser Vielfalt
schöner alter Gräber: auf Sand
Steintafeln Marmor Not
gedrungene Erinnerungen zwischen
Stern und Kreuz
verknappte Residenzen so gut
gemeint und doch
durchsickernd die Erbärmlichkeit
sub specie aeternitatis

An Epikurs Schwester

Glücklich zu leben versuchst du nun
ja Stabhochsprung ist eine feine Sache. Muskel
kater -krämpfe -risse bleiben
nicht aus bis du den Absprung gelernt hast
ohne dich zu verheddern in Topflappen Staubsaugern
der ökologischen Trennung des Hausmülls. Bist du oben
lebst du wie immer wenn du Glück hast
in besserer Luft und der Absturz nun
ja man gewöhnt sich
an alles und Wunder weißt du
sind eben schneller als wir.

Reflex

Golden sein Käfig hoch
elastisch die Stäbe süß
auch das Brot drin der Faden
an seinem Fuß endet
in einer Hand nach der er
hackt voller Erinnerung an
seine Beute im Flug.

Fleischfresser

Tage wie diese
kraftvoll sauber und klar
als hätte dich gerade
die frohe Botschaft erreicht

Aufrecht überquerst du die Straße
überzeugt von der richtigen
Seite des Windes
für deinen Mantel

Kaufst Fleisch beim Metzger
kraftvoll sauber und klar
hängt es an leichtem Gebeine.

Hamburger Sommer

Zentaur aus Sonne und Wind
wasserschnaubend die Nüstern Volldampf
voraus im Galopp an die Küsten
aber die Teetasse fein
balancieret zwischen den Hufen.

Zerfall

Wo doch von allem auch
dein Leben abhängt wenn
aus dem Eichmaß deiner Lügen
dir die Wirklichkeit gerät

ihr Urteil fällt und dich
aufs Rad streckt
bis sich dein Rückgrat reckt
aufsteht und geht

von dir zurückläßt
ein klein Häuflein Haut
das kaum zusammenhält
Fleisch ohne Knochen.

On sale

Gewissen am Band? Oder doch lieber
ein Brillant mit sechs Nullen
Sieh nur wie schön
die alten guten Gefühle
und so exquisit restauriert.
Noch und noch Tote und noch
mehr Untat: Wie's aufstrahlt!
Heiß heute. Weiß
weißer am weißesten wenn
schwärzer am schwärzesten Schwarz.
Haben Sie schon reserviert? Wir halten auch Ihr
ganz privates Kontingent B
Troffneit am allgemeinen Desaster zwecks
Aufstockung Ihres Gewissensvolumens
für Sie bereit. Weihnachtszeit!
Whisky mit Eis? Leisten Sie sich
wenigstens eins. Schlicht gefaßt
funkelt es am schönsten am
Ringfinger links.

Hin

Februar Monat für Pläne wir säen
schwarze Vögel über die schrägen
Felder halten Gleichgewicht und die
Schießhunde fern.
Proben auf Blättern
blanken Papiers die Ernte: Lerchen wo
möglich mit Tauben gekreuzt wo
möglich es trägt im Schnabel wo
möglich eine die blaue Blume wo
hin

Befähigung

Ohne Pflicht ohne Auftrag ohne Recht
ohne Kompetenz in der Sache:
Wer will was von mir hören?

Früher einmal gab es Wesen die Musen hießen
Meisterinnen des Schmerzes und des Entzückens

Wer ihnen folgte drang weit
vor in sein Herz so viel Wildnis
drinnen war keine Welt mehr
Bewegung nur einen Ort zu schaffen
aus Selbst- und Mitlauten manchmal ein Wort

Heute ödet uns jeder beschriebene Weg
und jeder erklimmbare Gipfel.
Wer lehrt uns Wörter
gewichtiger als das was weiß bleibt
auf dem Papier. Und wer
bringt uns ein Schweigen bei
das die Welt nicht enger und leerer macht

Sätze schwenken

Ja muß denn das schon wieder sein:
diese Papierfiedelei dieses Geschrei
erregter Pelikanminen im sicheren
Schatten der Wörter
auf der Suche nach Bildern für etwas
das wirklich Hand und Fuß hat
Tacheles redet zum Lachen bringt
zum Weinen. Adieu Leb wohl die Welt
sticht auch ohne Dichter in See über
stäubt sie mit Gischt und Silben.
Von der Schreibtischrampe aus
sieht man sie vereinzelt noch winken
Sätze schwenken wie Mützen und Fahnen.

Vorbei

Der befreite Prometheus schweigt.
Jetzt
könnte er sprechen
wie jeder andere auch.
Wird er es tun?
Wenn er eine Weile gelebt hat
wie jeder andere auch.
Und singen?
Auf einer Flöte aus Knochen

Die Elbe runter

Die Elbe runter ihr graues Wasser
schön Hühnchen schön Hähnchen und du
ach so schon verendet du
schöne bunte Kuh

Den Rhein rauf frischauf und gesungen
die Lindenwirtin weint. Das hat
so schön geklungen fis moll in allen
Zungen die Engelein stiegen vom
Himmel herab

Dilldapp Brentano läßt grüßen und der
Jungfrau zu ihren Füßen sitzt die
Mutter Maria rein zum Lachen
ist das und die Linden
wirtin wieder so jung

Hereinspaziert. Wer schneidet
ihr das Lied von der Zung

Fortschritt

Auf eine Lampe. Ja. Und ein Sonett. Es ist
meine Kommode. Nicht
der Sonnenauf- der Sonnenuntergang
sind schon in dem Gedicht

von Mallarmé vorbei. Es ist
für Wort und Spiele keine Zeit
schreit nach Brot und Katz
buckelt vor Sekundenseligkeit

zählt Silberlinge aber
keine silben mehr auf eine lampe
nein und kein sonett.

Mutmaßung

Wirklich aufstieg der Vollmond über den
Gipfeln wo sonst und der
Kritiker hatte gesagt: Ein Gedicht. Aber da
taumelte mir eine dreckige Fledermaus in die Bilder
und dem Kellner fiel vor Schreck das Tablett
aufs Parkett stellten die Liebenden Mut
Maßungen an über Glück und Glas
und die Qualitäten derselben. Aber da
war der Mond schon untergegangen hinterm
Gedicht.

Ars poetica

Nomina si pereunt, perit et cognito rerum.
Carl von Linné

Ja. Nein. Verantwortung. Gott
so viel Worte. Zu haus sein wo
man hingehört der große Weltatlas
finale Störungen Erlebnisdichtung die
rose is a rose is a rose

An dieser Stelle nur noch Ich Erleberin
Adresse weltweit unbedeutend und beliebig
die Sonne scheint geh diesen Weg entlang
was täglich abfällt ist dein Material
Erzähl mir nichts vom Gehn steh auf und geh

Der Garten wartet Ostermelodie wo es sich dreht
gefiltert sublimiert schön tief und hoch
prozentig destilliert Bewußtseinspoesie der alten Art die
Rose is a rose est una rosa
und würde ohne jeden Namen duften.

Inhalt

Die Deutsche Bibliothek —
CIP-Einheitsaufnahme

Hahn, Ulla:
Epikurs Garten : Gedichte / Ulla Hahn. —
Stuttgart : Deutsche Verlags-Anstalt, 1995
ISBN 3-421-05009-0

© Deutsche Verlags-Anstalt GmbH,
Stuttgart
Alle Rechte vorbehalten
Typographie:
Brigitte und Hans Peter Willberg
Satz: Typomedia Satztechnik GmbH,
Scharnhausen
Druck und Bindearbeit:
Clausen & Bosse GmbH, Leck
Printed in Germany
ISBN 3-421-05009-0